TRÈS - HUMBLE
RÉCLAMATION

ADRESSÉE DIRECTEMENT

A TOUS LES SOUVERAINS,

EN PARTICULIER

A LL. MM. LE ROI DE FRANCE, L'EMPEREUR D'ALLEMAGNE, L'EMPEREUR DE RUSSIE, LE ROI DES PAYS-BAS, etc., etc.

Par J. B. PAIFER.

Il y a sept ans que j'implore infructueusement la justice des Souverains; voici cependant les services que j'ai rendu à ma Patrie, à tous les Souverains et à leurs Peuples.

10 juin 1820.

A PARIS,

DE L'IMPRIMERIE DE LEBÈGUE,

RUE DES RATS, N° 14, PRÈS LA PLACE MAUBERT.

G.

7089

Leurs Excellences MM. les Ministres de l'intérieur sont très-humblement priés de mettre la présente Réclamation sous les yeux de leurs Augustes Maîtres.

TRÈS - HUMBLE

RÉCLAMATION

ADRESSÉE DIRECTEMENT

A TOUS LES SOUVERAINS,

EN PARTICULIER

A LL. MM. LE ROI DE FRANCE, L'EMPEREUR D'ALLEMAGNE, L'EMPEREUR DE RUSSIE, LE ROI DES PAYS-BAS, etc., etc.

———————

C'est encore une fois la troisième division du Ministère de l'intérieur en France, qui a été chargée de faire le rapport sur mes brochures. Le résultat a été, ainsi que je l'avais prévu, que l'on regrette à l'administration de cette Cour de ne pas se voir en état de satisfaire à mes demandes; ajoutant que l'on croit m'avoir témoigné suffisamment de bonne volonté par la somme de 650 fr. et un brevet gratuit, que l'on m'avait accordés antérieurement.

Je déclare premièrement que ma dernière réclamation n'était point adressée à l'administration, et encore moins au comité des Arts et Manufactures; mais directement à Sa Majesté le Roi de France, dont le pouvoir est plus étendu que celui du Ministère. Je supplie donc très-humblement Sa Majesté, ainsi que tous les autres Monarques de l'Europe, de vouloir bien prendre par eux-mêmes connaissance de ma brochure et des services que j'ai rendus, afin de porter à mon égard un jugement fondé sur la justice et l'équité. Un rapport inexact est capable de dénaturer les meilleures causes. Je ne demande rien au-delà de ce qu'un Gouvernement peut faire. Je ne réclame point tous les millions que je pourrais posséder aujourd'hui, si je n'avais renoncé à tous les avantages qui se sont offerts à moi dans diverses occasions, et si je n'avais sacrifié toute ma vie au bien-être commun de l'Europe : je ne demande que d'être mis en état de subsister honnêtement et de me rendre encore utile.

Je déclare en second lieu que ce serait à tort que l'on me renverrait, comme on me l'a déjà fait entendre, exclusivement à l'Autriche avec mes réclamations. Sa Majesté l'Empereur d'Allemagne saura bien ce qu'il a à faire, lui qui m'a si noblement encouragé et protégé pendant mon séjour dans ses États, qui a voulu m'avancer jusqu'à 80 et 100 mille florins, pour l'érection de la salle d'Apollon, et qui, encore au moment de mon départ, m'a offert une somme considérable, si j'avais voulu faire en Autriche une autre entreprise quelconque. — Mais j'ai travaillé sans cesse pour le bien général de l'Europe et de tous les trônes. Ce point d'appui, que j'ai choisi en Autriche, près la Cour de Vienne, était le seul d'où je pouvais agir. Tout homme éclairé sait bien que ce n'est point en France que j'eusse pu trouver, dans le temps, ce soutien indispensable pour pouvoir influer sur les destinées de l'Europe.

Comme dans cette administration de France, à laquelle mes mémoires ont été renvoyés à tort, donne avec regret une décision qui m'est défavorable, et qu'elle témoigne n'avoir pas le pouvoir de m'octroyer mes demandes; il est évident qu'il ne reste plus que *Sa Majesté qui puisse décider en dernier lieu de mon sort, d'après sa bonté et sa puissance royale.* — Et je prévois, la même marche devra être suivie à la Cour de tous les autres Souverains.

Le Ministère de l'intérieur de France regrette aussi de ne pouvoir accéder à mon autre demande, tendante à faire présenter mes brochures aux Cours étrangères, par MM. les Ambassadeurs de France qui y résident. — On n'a probablement pas voulu s'écarter de l'usage reçu, qui ne permet pas à un Gouvernement de s'intéresser auprès des Cours étrangères pour un simple particulier. Mais je réponds à cela qu'un cas extraordinaire doit changer la marche accoutumée de l'administration. Peut-être encore n'a-t-on pas cru devoir me favoriser à cet égard, parce que j'ai été forcé d'avancer des vérités un peu dures dans mes écrits : mais je le demande à tout homme sensé et exempt de préjugés, si j'ai pu parler ou agir autrement que je n'ai fait. J'ai toujours respecté la justice et la vérité plus que l'étiquette. Et que serait donc devenu l'Europe, tant sous le rapport de la morale publique, de la liberté des peuples, que de l'indépendance des trônes, si je n'avais fait en Autriche tout ce que je rapporte dans mon livre ? — Des Ambassadeurs de l'étranger, résidans près la Cour de France, m'ont conseillé eux-mêmes de m'adresser au Ministre de l'intérieur pour l'envoi de mes brochures; m'assurant que c'était la marche qu'il fallait suivre; que par-là je donnerais plus de poids à mes justes demandes; et que son Excellence ne pouvait me le refuser, vu que j'étais sujet rançais. — Qui a jamais pu trouver *inconvenable* qu'un particulier réclame une récompense méritée, auprès de ceux qui la lui doivent, surtout quand il se trouve accablé par les revers?

J'ai tout lieu d'espérer que toutes les Cours ne rejeteront pas mes très-humbles demandes, quoique je sache bien positivement que bien des personnes intermédiaires ne sont pas également flattées de tous mes travaux; les opinions sont trop divisées de nos jours. Si une certaine classe de personnes avait à décider à mon égard, on pourrait bien m'ériger de suite un échafaud sur la même place où Louis XVI termina sa carrière royale. — Ou bien je pourrais demander que l'on terminât aussi promptement avec moi que l'on vient de le faire avec Louvel. Le coup de grâce lui a été accordé, et sa mort a été fort douce : on n'a pas même fait valoir contre lui la loi du talion.

Quand je vois un Prince, auquel se rattachent les destinées de toute une nation, noyé dans son sang, le cœur traversé d'un fer assassin, souffrir pendant plusieurs heures un martyre incroyable, au milieu d'une famille auguste et éplorée, sous les yeux d'une inconsolable épouse, tenant dans ses bras un enfant chéri, et rendre enfin une âme que le souvenir amer des destinées futures de la France déchire dans ses derniers momens.... Et que, d'un autre côté, j'apprends que le meurtrier infâme, que le monstre qui s'est moqué de son Dieu, de son Créateur, de son Roi, de la justice humaine et des lois sociales et qui, par son noir attentat, a causé une perte irréparable de millions à une infinité de ses concitoyens, en anéantissant en un instant tout commerce et tout crédit.... Quand, dis-je, j'apprends qu'il a terminé sa vie atroce — en moins de cinq minutes, — je ne sais plus ce que je dois penser de l'esprit qui anime les Chambres. Quelle honte et quel malheur! On ne veut plus que rien soit respecté dans la société : rien ne doit plus paraître sacré aux yeux de l'homme!! J'ai peut-être autant de sensibilité et d'*humanité* que tout autre Français; mais je crois devoir réserver ce noble sentiment pour les *hommes* et non pour les *monstres* : et il me semble que celui qui fait gloire de ne point croire aux peines futures réservées aux crimes, devrait au moins sentir tout le poids de la justice humaine, et toute la rigueur des lois sociales. Si la cruauté est inutile envers un supplicié, elle est très-utile et nécessaire de nos jours pour donner un exemple aux nombreux mauvais sujets que la société nourrit dans son sein. — Mais non, Louvel a mille fois moins souffert que son illustre victime; et il semblait encore du haut de l'échafaud encourager les meurtriers des Rois à suivre son exemple. — On montre de l'humanité pour le plus grand criminel; — et l'on veut laisser mourir d'une mort lente celui qui s'est sacrifié pour le bien public! Mais, je le répète, *les Monarques seuls ont à décider de mon sort.*

L'administration de France ayant donc déclaré formellement qu'il n'est pas dans son pouvoir de m'assurer mon existence, ni de me soutenir dans la carrière que j'ai suivie jusqu'aujourd'hui, je prie encore une fois très-instamment Son Excellence le Ministre de l'intérieur de faire parvenir mes brochures à leur destination. Le zèle qui l'anime pour le bien général et particulier doit le porter à cette démarche. Les Etats étrangers feront alors pour moi ce que ne peut faire ma patrie; ils sentiront la justice de ma cause, et me mettront à même de vivre et de me rendre encore utile. Il est étonnant que l'on fasse tant de difficultés pour envoyer à l'étranger un ouvrage que des hommes *solides* m'ont déjà témoigné devoir être envoyé dans tous les départemens, et même dans toutes les mairies du royaume de France, vu le bon effet qu'il produit sur l'opinion publique. Oui, des hommes clairvoyans désireraient voir répandre mon ouvrage partout, persuadés qu'il est capable de donner au peuple des idées plus saines sur ses vrais intérêts et les véritables sources de son bonheur. Et il n'y a que des têtes *faibles*, ou bien des esprits *révolutionnaires*, qui puissent blâmer mes écrits; lesquels ne tendent qu'à ramener la paix, le bon ordre dans la société, et à arrêter tous les maux prêts à tomber sur l'Europe entière. — Ne voit-on pas déjà s'exécuter à la lettre ce que j'ai prédit il y a neuf mois, lorsque j'annonçais que *le feu couvait de toutes parts sous la cendre, que le mécontentement s'augmentait et que les factions se multipliaient dans tous les Etats européens?* La chose n'était point difficile à prévoir du côté des nations qui nous environnent; *les idées libérales sont quelque chose de nouveau chez elles.* Mais les Français, avec leur expérience du passé, avec leurs lumières, avec leur esprit, et je l'ose dire encore, avec leur générosité de caractère, comment ne peuvent-ils pas encore arranger toutes leurs affaires sans répandre de sang? Comment se trouve-t-il encore des personnes qui veulent faire valoir la force du poignet plutôt que la force de la raison chez une nation polie et éclairée ? Je le vois,—c'est que le plus puissant veut encore follement écraser le plus faible ; c'est que les riches ne veulent pas encore comprendre que celui qui paye 100 francs de contribution peut avoir plus *de talens et d'intégrité* que celui qui en paye 1000 ; c'est que les aveugles intrigans croient encore pouvoir réduire les trois quarts et demi du peuple à l'esclavage, en les rayant du tableau des citoyens français. —Cependant ne nous y trompons pas : quels sont au fond les Meneurs *qui veulent anéantir en Europe l'ouvrage de la sagesse d'un excellent Monarque ?* Les *étrangers* n'épargneraient-ils peut-être ni peines, ni dépenses, ni persuasions secrètes, *ni millions*, pour miner une Charte que la *raison* a dictée, et qu'une nation éclairée a accueillie avec transport, comme la base du bonheur public aussi bien que du repos des Monarques ? — Mais rassurez-vous, Français ; si Louis a été assez grand pour donner à ses peuples une liberté aussi raisonnable, comment ne serait-il pas *trop grand* pour *penser à fouler ses sermens sous ses pieds ?* — Ce serait une tache trop ineffaçable pour son glorieux règne, s'il était capable de donner un exemple aussi pernicieux à une nation chez laquelle les bases de la société ont déjà trop souffert. — A la vérité, il n'est point de chef-d'œuvre qui ne soit encore susceptible de quelque degré de perfection ; mais les *principaux traits* restent toujours invariables. Une liberté de la presse, par exemple, *pleine et entière*, peut *subsister* avec la répression des *abus* ; la manière d'élire les représentans de la nation peut *demeurer la même*, sans que pour cela les Chambres soient forcées de recevoir à siéger dans leur sein des députés dont la vie ne serait point irréprochable. On peut faire des réglemens sages qui excluront les individus qui se seraient fait une tache quelconque dans l'opinion de la nation, ou des sujets qui ne seraient point assez *mûrs*, qui mettraient leur petite gloriole à faire parade d'une vaine et verbeuse éloquence, et qui mépriseraient les conseils simples et courts de la sagesse, de l'expérience et du sens commun. Ces réglemens avertiront les départemens d'être prudens dans leur choix, pour n'avoir pas la honte d'un refus. Mais les nouvelles bases sur lesquelles la France repose, ne seront point atteintes ; la prudence et la sagesse de notre Roi ne le permettent pas. —

Ayant si souvent parlé en Autriche pour le bien public, au grand contentement de Sa Majesté l'Empereur, qui ne craignait pas de revenir sur ses pas et de rétracter même sa propre signature lorsque je pouvais lui faire voir un plus grand bien, je crois pouvoir aussi proposer mes réflexions pour le bien de ma patrie. —

Si l'administration avait *pu* ou *voulu* revenir sur la première décision qui avait été prise à mon égard l'année 1817, elle se serait probablement montrée moins défavorable, et je l'ose dire, moins injuste envers moi, le 18 avril dernier. Comment un Ministère éclairé peut-il s'en référer à ce qu'il a fait dans un temps où il ne connaissait pas encore la dixième partie des titres du pétitionnaire ? —

Pour éviter la peine de parcourir encore une fois tout mon ouvrage, aux augustes personnes qui voudront bien prendre mon sort à cœur, je vais indiquer encore une fois, brièvement, tous les services que j'ai rendus, et pour lesquels j'ai reçu 650 francs au Ministère de France. Ceux cependant qui voudront se donner la peine de lire mon ouvrage en entier, ne le trouveront pas aussi peu intéressant que le sont d'ordinaire les mémoires et les réclamations. J'y manifeste beaucoup d'idées neuves et utiles en politique et en morale aussi bien qu'en économie ; et si je n'ai pas réussi à les rendre avec toute l'élégance de la langue française, je puis au moins me flatter qu'elles sont claires et justes. —

1°. Je quittai la France au commencement de la révolution, par attachement pour la personne du Roi et la Famille Royale. Je me livrai tout entier à l'étude, dans l'université de Prague, étant protégé d'une manière particulière par l'Archiduchesse Marie-Anne, le Prince de Lobkowitz, et autres personnages distingués. Je m'appesantis sur les intérêts politiques et religieux des diverses nations de l'Europe, et surtout de la France, ma patrie, afin de pouvoir prononcer sur les causes et les remèdes de la révolution ; et je réussis à former un système à cet égard, d'après lequel j'ai prédit en partie la plupart des grands événemens qui ont eu lieu en Europe, comme l'ont prouvé mes nombreux écrits en Autriche. Je publiai d'abord à Prague quelques ouvrages littéraires qui me valurent assez de fonds pour pouvoir agir. Je me rendis ensuite à Vienne avec l'agrément de Sa Majesté l'Empereur d'Allemagne, et j'y travaillai pour ramener la paix en Europe, et pour affermir tous les trônes ébranlés. Je puis me flatter d'avoir beaucoup contribué au maintien du trône impérial, et par-là, à celui de chaque autre Souverain européen : Si l'Autriche avait succombé dans le temps, où en serions-nous aujourd'hui ? — (Voyez la troisième partie.)

2°. En 1803, j'envoyai un plan général d'éducation en France et en Russie : un gros manuscrit allemand, qui m'avait coûté plus de deux mille francs, sans compter la peine de la composition. Cet ouvrage se trouvait entre les mains du Ministre et de M. de Fontanes, lors de l'érection de l'université.

3°. J'envoyai en France, par M. de Champagny, une méthode d'écriture avec gravures, — dont l'impression m'avait aussi coûté fort cher. J'en fis passer également des exemplaires à la Cour de Saint-Pétersbourg.

4°. Je traçai un plan militaire sur la requête de Son Altesse l'Archiduc Charles. Je l'envoyai en Russie ; il passa en Prusse, et servit en Autriche à organiser la Landwehr. Si quelques crânes révolutionnaires n'approuvent pas mes services à cet égard, les têtes couronnées et leurs Augustes Familles, comme tous ceux qui aiment la paix en Europe, doivent savoir les apprécier.

5°. Les revers et l'injustice m'ayant relancé dans ma patrie, quelques années avant la restauration, je n'y voulus accepter aucune charge. Après avoir réclamé mes pièces et manuscrits au Ministère, je me retirai dans le sein de ma famille, au département de la Moselle, où je me trouvai en peu d'années à bout de mes ressources. Sur ces entrefaites se manifesta la famine de 1816 et 1817. L'agriculture, cette seule et unique ressource de l'homme, avait attiré mon attention ; j'avais médité plusieurs années consécutives sur la manière d'obvier aux disettes, lesquelles avaient si puissamment secondé les révolutionnaires de France : je me déterminai donc à rendre public les moyens que j'avais découverts, pour obvier efficacement à ce fléau. Je m'offre à *prouver* de nouveau l'utilité de toutes les découvertes et idées neuves en économie, tant sous le rapport des nouvelles farines, que des boissons nouvelles dont je parle dans cet ouvrage. Je ne demande, pour cela, que d'être mis à même d'en faire la dépense. Je fis imprimer mes notices touchant cette matière intéressante, en français et en allemand, et les envoyai partout. Je fis plus ; excité et animé par M. le Préfet, je parcourus moi-même, avec mes frères et sœurs, plusieurs grands départemens de la France, et une partie des Pays-Bas, pendant les années malheureuses, pour apprendre aux gens de la campagne à faire un excellent pain de la pomme de terre toute seule, ou simplement en y mêlant une poignée de farine, d'avoine, ou d'orge. Je construisis et fis construire dans diverses contrées, plus d'une soixantaine de moulins de mon invention, sans exiger un liard de bénéfice. Les autorités locales, MM. les Maires et Curés, ainsi que d'autres personnes distinguées, tant de la France que des Pays-Bas, m'ont donné leurs attestations à cet égard, lorsque le Ministère les a requises. Elles sont rapportées tout au long dans ma brochure.

7°. En 1814, je fis imprimer à Trèves, un ouvrage allemand, que j'envoyai au congrès de Vienne, pour le rendre attentif aux malheurs qui menaçaient encore une fois la France et l'Europe. (Les prédictions que j'y fais se sont malheureusement accomplies depuis, parce qu'on a négligé de prendre les moyens que j'indiquais pour y obvier. Il s'en trouve quelques exemplaires au dépôt général du Ministère à Paris; car je les y envoyai comme partout ailleurs. Je développais en même temps, dans cet intéressant ouvrage, une idée touchant la fertilité générale. D'après cette théorie les canonnades peuvent influer prodigieusement sur l'atmosphère. Une infinité de remarques prouvent que la pluie se forme presque toujours immédiatement après une forte canonnade, etc., etc. : cette brochure fait la première partie de mon ouvrage *sur l'enrichissement du monde ;* mais je n'ai pas encore pu la faire paraître en français.) — Etc., etc.

Et pour tant de travaux et de services, je reçois, en France, 650 fr.; tandis que je reste jusqu'aujourd'hui sans réponse auprès des Cours étrangères! Et lorsque je fais une nouvelle dépense de plusieurs mille francs pour exposer tous mes titres et mes droits, je suis renvoyé par l'administration du Ministère de l'intérieur, sans en obtenir un denier; et l'on y regrette de ne pouvoir accueillir mes demandes!!! —

J'ai commis malheureusement la faute, toujours impardonnable, de dire quelques vérités; de là tous mes malheurs. J'espère cependant qu'il reste encore de la justice sur la terre; que le faible et l'opprimé trouveront toujours dans les Pères des peuples, de généreux et nobles protecteurs : c'est à ce titre que je prends la liberté de recourir à leur clémence.

J'aime les beaux-arts autant que qui que ce soit : qu'on encourage les personnes qui les cultivent; que les Gouvernemens pourvoyent à ce qu'après avoir consacré leur vie aux plaisirs de leurs semblables, elles ne soient pas dans leurs vieux jours, réduites à leur faire pitié; que ces personnes enfin reçoivent de temps à autre quelques gratifications ou indemnités qui excèdent les revenus annuels de plusieurs hôpitaux : je conçois tout cela, l'indispensable superflu l'explique.

Mais si, sans vouloir faire mention de ses services en politique, un homme a sacrifié son temps et son patrimoine à porter dans les campagnes l'instruction qui leur est propre ; si mille attestations *écrites* des Magistrats et des Autorités locales prouvent qu'aidé de ses frères et sœurs, il a sauvé un nombre infini de ses concitoyens des horreurs de la famine ; si les diverses commissions établies pour éclairer les décisions des Ministres, et que l'on n'accusera certainement pas d'être trop indulgentes dans leurs avis, ne peuvent s'empêcher de reconnaître qu'il a rendu des services importans au premier des arts, à l'agriculture : pense-t-on que cet homme ne mérite pas au moins quelques-uns des égards dont nous voyons des saltimbanques être chaque jour l'objet ?

C'est moi qui suis cet homme, et qui dans mes premières réclamations n'ai voulu faire aucune mention de ma conduite pendant toute la révolution : et voilà ce qu'il m'a fallu entendre pour ma récompense :

« Que vous êtes simple, mon cher Paifer ; on dirait que vous n'avez pas la moindre connaissance du monde ! vous ignorez donc que l'homme est l'animal le plus égoïste qu'il y ait sur terre ? Vous avez cru que le peuple était réellement comme un Souverain qui dit à ses Ministres, faites mes affaires, je ferai les vôtres. Le peuple est insatiable, et il n'a de la reconnaissance que le nom. Que les riches soient généreux, passe ; la vanité satisfaite les paye et au-delà. Mais quand on a sacrifié son temps et sa fortune pour avoir des connaissances ou une industrie, il faut les exploiter pour soi-même. Le pis qui puisse nous arriver, et par conséquent qu'on doive éloigner à tout prix, c'est de se voir en butte à l'insultante pitié des hommes : mieux vaudrait toute leur haine. Mettez-la maintenant à l'épreuve cette reconnaissance publique ; allez dire à ces gens à qui vous avez sauvé la vie, que vous manquez de tout ; ils ne vous donneront pas un verre d'eau.

> Ami, si tu n'as rien, n'attends rien de personne :
> Les grands sont ici bas les gueux à qui l'on donne.

« Vous avez sans doute entendu parler de l'esprit du siècle ; l'esprit de ce siècle, c'est le *moi*. Voilà la seule Divinité qui ne trouve point de profanateurs. Elle vous punit aujourd'hui de l'avoir négligée. »

Je demande pardon au lecteur de m'être fait si long-temps l'écho des calomniateurs de la nature humaine : non, je ne croirai jamais que quand j'aperçois un malheureux se noyer ou une maison en feu, je doive faire des conventions avant de voler au secours.

2

J'ai travaillé dans les pays étrangers comme un mercenaire, afin de pouvoir, en rentrant dans ma patrie, lui prouver que sans cesse elle avait été présente à ma pensée. Des milliers de Français et des habitans des Pays-Bas, que j'ai sauvés de la famine pendant les années 1816 et 1817, diront si mes études en économie et agriculture ont été infructueuses.

Aujourd'hui qu'un sort malheureux semble me poursuivre, on ne m'entendra pas murmurer contre la Providence : mais les hommes à qui je n'ai fait que du bien, pourquoi me persécuteraient-ils ?

Celui qui jettera un coup d'œil sur les attestations rapportées aux pages 29, 30, 31 et 32 de cette seconde brochure, et sur les théories d'agriculture exposées dans les vingt premières pages, reconnaîtra, toute exagération à part, que la somme de 650 francs que la France m'accorde, n'est pas la centième partie de ce que j'ai dépensé avec mes frères et sœurs, en frais d'impression et envois de mes notices, en constructions de machines, en voyages et démarches de toute espèce, et enfin en sollicitations. Et quoique les sommes que nous avons dépensées fissent tout notre patrimoine, elles eussent été bien insuffisantes pour les résultats que nous avons obtenus, si je n'avais pu faire l'application de mes nouveaux procédés et de mes découvertes, dont l'utilité a été généralement reconnue. Si j'avais le moindre soutien, je pourrais encore rendre des services majeurs en ce genre à l'économie et au commerce : j'en ai la certitude.

Il est impossible que Sa Majesté le Roi de France, ainsi que les autres Souverains de l'Europe, approuvent la conduite que l'on a tenue à mon égard. Ils sont trop magnanimes et trop portés pour la justice.

Des Ministres peuvent être mal informés. Il n'est pas sans exemple de les voir circonvenus de ces petits êtres passionnés, qui ne vous pardonneront jamais d'avoir osé ne pas regarder comme parole d'évangile, une décision qu'ils ont baclée en lisant leur journal. — Que fait alors un pauvre particulier ? Il s'écrie : Ah ! si le Roi le savait ! —

J'ose espérer encore que les Souverains le sauront enfin ; c'est leur bonté et leur clémence que j'implore. Il y a encore à toutes les Cours des Ministres portés pour la justice. Et si nous voyons Sa Majesté le Roi de France étendre sa sollicitude bienfaisante jusque sur l'inventeur du moindre instrument d'utilité générale, comment serais-je abandonné aujourd'hui que la reconnaissance publique a déjà parlé en ma faveur par l'organe des Magistrats ? Non, l'espérance renaît enfin dans mon cœur ; — je ne mourrai pas de faim ! —

Je n'ai point de protecteurs; au contraire, je ne trouve presque partout que des adversaires : et celui qui lira mes brochures en sentira la raison. Cependant je me repose sur la justice de ma cause et sur la bonté de MM. les Ministres de toutes les Cours, qui voudront bien mettre mes très-humbles réclamations sous les yeux de leurs Augustes Maîtres. Il y a tant de personnes, dans les divers États, qui reçoivent des 30 à 40 mille francs par an : celui qui lira l'histoire de mes travaux, s'écriera nécessairement, y-a-t-il une seule de ces personnes qui puisse se flatter d'avoir fait pour son Roi, pour sa patrie et pour la société entière, ce que Paifer a fait? Et cependant il ne demande qu'une pension qui lui assure sa subsistance et le mette en état de pouvoir encore travailler.

Son Excellence le Ministre de l'intérieur a bien voulu louer mon *zèle* pour le bien général : ce zèle cependant ne serait quelque chose qu'autant que je le pourrais déployer dans toute sa force, et que l'on me prêterait quelque appui.

Quelques personnes faibles, au contraire, témoignent le désir de me voir abandonné, sous le prétexte que je veux faire le novateur : à cela je n'ai qu'un mot à dire : *si j'avance quelque chose de raisonnable, qu'on le suive; si ce que je dis est déraisonnable, qu'on ne le suive pas.* Mais au moins que l'on m'écoute. Jusqu'à présent je ne me rappelle pas d'avoir avancé quelque chose dans mes écrits qui fut contraire à la raison éclairée. —

Dans le cas où mes découvertes, le sacrifice de mon patrimoine et vingt-cinq années de travaux consacrés au bien public, ne seraient point des titres suffisans à *une pension alimentaire*; je supplierais Sa Majesté de vouloir bien m'accorder une indemnité provisoire, les moyens de publier avec fruit des procédés et des instrumens nouveaux, pour l'amélioration de certaines branches d'agriculture et de commerce; et surtout un ouvrage de morale, sur les grands moyens à employer pour rendre à la Religion chrétienne quelque influence en Europe, et la faire servir au bonheur et non au malheur de la société. —

J. B. PAIFER.

(*Nota.* M. Picot, rédacteur du *Journal des Curés de Campagne*, m'a fait l'honneur de parler de ma brochure dans son numéro 601. Je devais m'attendre que cet auteur si grave, ne me serait pas infiniment favorable; je ne me suis donc nullement offensé du ton léger, spirituel, badin et satirique qu'il a choisi tout exprès pour moi : quoique pourtant le récit de mes malheurs, et l'idée que je manifeste touchant une nouvelle discipline de l'église, et la réunion de toutes les communions chrétiennes, soient d'ailleurs des sujets passablement sérieux. Mais j'ai eu lieu de me plaindre d'un point essentiel qu'il était indispensable de rectifier dans l'opinion publique, et sur lequel il n'a point eu la loyauté ni la charité de me donner satisfaction. Comme l'on sait, la satire n'est pas très-bonne chrétienne : il était donc échappé à M. Picot quelques petits traits qui frisaient le mensonge et qui sentaient la méchanceté et la calomnie : c'est ce qui me détermina à lui écrire la lettre suivante, qu'il a jugé convenable de soustraire à ses lecteurs, dans la crainte probablement de montrer trop de franchise dans ses procédés. Je croyais cependant que dans toutes les communions chrétiennes on était obligé de réparer les torts que l'on fait à la réputation de son prochain.)

LETTRE A M. PICOT.

L'Ami de la Religion *Chrétienne*

à

L'Ami de la Religion *Romaine.*

MONSIEUR,

Permettez-moi de vous faire remarquer qu'une manière de voir, un peu différente de la mienne, et le désir de me combattre avec l'arme de la satire, vous ont rendu un peu injuste envers moi dans votre numéro 601, où vous parlez de ma brochure. C'est en particulier l'imputation de *déisme* qui me fait peine, et dont j'ai droit de me plaindre. La calomnie m'a trop fait souffrir dans ma vie, pour que je ne sois point extrêmement sensible à une pareille imputation de la part d'un homme qui jouit d'une certaine réputation en France. Veuillez croire, Monsieur, que je suis plus délicat sur l'article de la foi chrétienne, que vous ne paraissez le penser. —

Votre manière m'a paru en général assez conforme à l'esprit et à la marche accoutumée de l'église romaine : car à Rome les *chrétiens* qui, dans divers temps se sont élevés contre les abus de la religion, ont toujours été taxés de *déisme*, et ont été réfutés comme *déistes :* de même que les *déistes* et les *philosophes* n'ont jamais manqué d'y être traités d'*athées,* et d'y être décriés comme tels. — Mais vous conviendrez que cette manière de réfuter n'est pas plus juste et exacte, qu'elle n'est loyale et chrétienne.

Comment peut-on taxer de *déisme* celui qui professe de tout son cœur, et à la face de l'Europe, la religion de J. C. dans sa pureté? *Lorsque j'avance quelque chose dans mes écrits touchant ma foi et mes propres sentimens, on peut le croire et le prendre à la lettre; car je déclare ici, que malgré ma misère, je n'ai jamais avili le noble art d'écrire, au point de tracer avec une plume vénale, des sentimens étrangers à mon cœur, ou une opinion qui ne fut point la mienne.*

Soyez persuadé que si, comme vous le dites, je *retranche les trois quarts de la religion romaine,* c'est uniquement parce que je regarde ces trois quarts comme des abus crians, réprouvés par l'évangile aussi bien que par la raison éclairée : abus qui n'ont pas peu contribué aux malheureuses secousses dont divers Etats ont été agités depuis plusieurs siècles, tels que l'Allemagne, l'Angleterre, la Suède, le Danemarck, la Hollande, la Suisse, la France et l'Espagne. — Et puisque vous convenez vous-même que le malheur du 13 février doit être attribué aux *doctrines impies et désolantes de nos jours,* ne puis-je point, à mon tour, et en sortant un peu du *cercle étroit* dans lequel vous considérez nos malheurs, attribuer ce nouveau meurtre d'un prince aux abus que l'on a soufferts, *hélas ! trop long-temps* dans l'enseignement de la morale et de la religion de Jésus-Christ ? — Oui, Monsieur, il faudra en convenir enfin, quoiqu'il en coûte, que *s'il n'y a plus de religion parmi nous,* c'est — *que l'on est parvenu à rendre la religion complétement ridicule;* et je puis bien ajouter que si l'infâme, dont je tairai le nom odieux, (comme les têtes faibles se croient obligées de taire des noms où ne se rattachent que des malheurs et non des crimes), si cet infâme s'est écrié en portant le coup parricide : *Dieu n'est qu'un nom,* c'est — *que malheureusement on est parvenu à avilir et à rendre ridicule, aux yeux du peuple, ce nom trois fois saint,* en prêtant à l'éternelle sagesse les vaines pensées et les folies des hommes !! — Faut-il s'étonner si la classe *nombreuse* du peuple, en France plus qu'ailleurs, *ne sache plus ce qu'elle doit croire ?* — Non, si elle est entièrement déroutée dans sa foi, *elle doit l'être.* Et il faut s'aveugler pour voir les choses différemment. *L'inquiétude vague* des peuples vient de là en grande partie. Car que peuvent prétendre encore les esprits révolutionnaires, après qu'une charte solennelle leur assure plus de liberté civile qu'ils n'auraient osé en demander au commencement de la révolution; si ce n'est quelque *liberté d'esprit et de raison,* et quelque changemens *raisonnables* dans la discipline gothique de la religion chrétienne ? Aucun *esclavage* ne paraît plus insupportable à la nature humaine que celui de la raison, aussi la réaction en est-elle terrible; elle éclate toujours en fureurs et en imprécations.

Il y a eu un temps où certains fameux catholiques romains promettaient le *Paradis* aux meurtriers des rois : aujourd'hui, au contraire, on leur assure qu'ils n'ont pas de *Dieu* à craindre. Tels sont les épouvantables extrêmes où les hommes se jettent. Et les Monarques hésiteraient encore de prendre un moyen terme que le bon sens leur dicte !!!

J'ose donc le dire encore, n'en déplaise à Monsieur : *le grand et touchant spectacle de la réunion de tous les chrétiens de l'Europe et de la destruction de tous les abus religieux était capable en 1814, lorsque j'eus l'honneur d'offrir mon plan à Son Altesse Monseigneur* le Duc de Beiri, de faire diversion aux idées révolutionnaires; ET SI L'ON N'EUT CRU dans ce temps, bien des têtes mal montées et bien des cœurs ulcérés auraient pû être ramenés à de meilleurs sentimens.

M. Paifer, dites-vous, se consume depuis vingt-cinq ans, et travaille à éclairer les Souverains : et vous, Monsieur, que faites-vous depuis ce temps ? Sans doute que vous ne croyez pas répandre des ténèbres avec votre journal. — Nous parlons et nous conseillons chacun selon notre manière de voir, pour le bien public et celui des Monarques; et l'histoire racontera un peu plus tard lequel de nous deux aura vu plus clair et plus juste.

Ce que je dis du Pape, dans ma brochure n'est point uon plus une prophétie, comme il vous plaît de le rapporter. Je ne me donne pas pour prophète, j'avoue que je n'ai point de ces révélations dont vous avez long-temps entretenu vos bons lecteurs, en rendant compte de la vie d'une vénérable mère de l'incarnation. Je vous déclare franchement que ce que j'avance dans mon livre n'est qu'un vœu simple, mais un vœu bien ardent, que j'ai formé depuis long-temps, de voir réunir successivement la tiare à la couronne du plus vénérable des Souverains chrétiens, ou simplement du plus âgé; car je crois que c'est là le seul moyen qui reste, pour rendre à la religion chrétienne quelque éclat, quelque considération, et surtout quelque influence en fait de morale. Il me semble qu'en général cette divine religion de Jésus-Christ a contribué entre les mains des évêques de Rome, depuis plusieurs siècles, à faire plutôt le malheur que le bonheur des peuples. Et pourquoi une tête couronnée, pourquoi un Empereur, un Souverain ne pourrait-il pas être Pape, ou Chef de l'église universelle après Pie VII évêque de Rome ? En est-il indigne ou incapable ? — Pour moi, je n'y verrais que la fin de toutes les chicanes et disputes ridicules, et le commencement du règne d'un christianisme pur et d'une félicité durable pour la société.

Et je ne crois pas être .... avec quelques révolutionnaires de France, comme vous l'insinuez fort adroitement. A la vérité, je n'ai pour moi que quinze à vingt millions de Français; mais en revanche j'ai toute la Russie, toute l'Angleterre, la Suède, le Danemarck, la Suisse, la Hollande, une partie de l'Espagne et même de l'Italie; tous peuples que vous avez oubliés ou que vous comptez pour rien. Apprenez donc que les Paifer deviennent un peu nombreux, à mesure que les Picot diminuent. Combien de prêtres éclairés même, dans tous les pays, désireraient ardemment se voir ranger sous un chef qui pût au moins les faire respecter, eux et leur ministère, et reprimer les risées que le peuple fait impunément de la religion vivifiante du fils de Dieu, sous un Pape sans autorité et oublié à l'autre bout de l'Europe, qui n'a plus que ses excommunications pour maintenir sa propre autorité ! —

Il ne m'est point permis d'expliquer le silence désespérant que des deux Chambres ont gardé sur mes brochures. Peut-être ne se mêle-t-on que très-peu de ce qui concerne la religion parmi toutes ces personnes éclairées : peut-être encore regarde-t-on la religion chrétienne comme un malade incurable, ou selon l'expression d'un certain Préfet de département, comme un grand cadavre pourri auquel il ne faut pas toucher...... Tout ce que je sais, c'est qu'il y a des têtes fortes qui ne pensent pas comme eux. Et je ne puis que me louer de la manière dont les Princes et Sa Majesté le Roi lui-même ont accueilli mes brochures, et les ont recommandées au ministère ; quoique les Ministres n'aient pas jugé à propos, jusqu'à présent, de me soutenir.

Mais les consistoires vous paraissent-ils louables, lorsque tout en déclamant sans cesse dans leurs chaires évangéliques, que les temps ne sont pas éloignés, où la prophétie de Jesus-Christ s'accomplira, *En ce temps-là il n'y aura plus qu'un bercail et un pasteur ;* ils ne daignent cependant pas répondre à un auteur intrépide et entreprenant qui se met sur les rangs, qui ose dire toute vérité aux Souverains ; et qui ne craint pas de reprocher hautement à l'univers éclairé sa honteuse lâcheté , s'il n'ose faire *les grandes démarches que* le siècle demande impérieusement ? Ne serais-je pas en droit de conclure que les ministres évangéliques font donc, aussi bien que tous les autres, leurs fonctions en vrais mercenaires, et qu'ils ne croient pas eux-mêmes ce qu'ils disent ? —

Je glisse sur quelques autres passages que votre goût pour la satire ne vous a pas permis de rapporter avec une entière impartialité. Ainsi par exemple, tous ceux qui lisent ma brochure se convainquent facilement, malgré tout ce que vous avez pu dire, *que plusieurs de mes plans,* même les plus importans, ont été exécutés à Vienne; que du moins *quelques-uns de mes bons conseils y ont été suivis;* — qu'enfin *j'ai sacrifié au moins cent mille francs en espèces* pour le bien de l'Europe, et que *j'ai renoncé à des millions* pour ne pas abandonner ma carrière , etc.—Mais je ne puis m'empêcher, avant de terminer , de vous rappeler une vérité bien simple, et qui semble vous être échappée, c'est qu'en général le chêne réussit moins à la Cour des Princes, que le roseau; et qu'un homme qui aime sur toutes choses la vérité et la franchise, peut y éprouver très facilement des revers ; sans que pour cela son intégrité doive être soupçonnée ou son talent méconnu.

Pour ce qui est de mon style en français, j'écris de mon mieux, je l'avoue; et je ne me rappelle pas *d'avoir plaisanté jamais sur le purisme,* dans quelque langue que ce soit ; j'ai seulement invité les gazetiers de France, qui préfèrent une fadaise bien tournée et des phrase biens arrondies mais creuses, au simple bon sens, qui méprisent si fort tout ce qui sent l'étranger, et surtout l'allemand, je les ai invités, dis-je, à écrire en allemand comme depuis mon séjour à Paris je le fais en français. Toutes mes pensées, je crois, sont assez clairement exprimées dans mon ouvrage. C'est tout ce que je prétends. Pour l'élégance et le purisme je le laisse à ceux qui comme vous, Monsieur , ont pratiqué depuis leur naissance la langue française ; et je me console de mon style avec les auteurs des évangiles qui ont aussi écrit avec autant de *simplicité* que de *vérité.* —

Il eut été vraiment déloyal et peu chrétien de vouloir me faire un crime de la misère dans laquelle je me trouve plongé aujourd'hui : aussi dois-je vous tenir compte de la délicatesse avec laquelle vous avez touché à cette corde. C'est donc au nom de ces *malheurs eux-mêmes* , qui ont paru vous toucher, que je vous prie en ce moment de vouloir bien insérer la présente dans votre prochain numéro ; afin que je sois lavé du soupçon de *déisme* que vous avez fait naître. Je vous crois assez *honnête homme* pour réparer , sans tarder , dans l'esprit de tous les respectables Curés qui lisent votre journal , le tort que vous avez fait, sans le vouloir, à ma réputation. Je déclare hautement que je professe la foi de l'évangile, et que je tiens à la doctrine de Jesus-Christ , Dieu-homme. Et je demeure uni de cœur à tous les chrétiens éclairés de l'Europe et de l'univers , en attendant que se fasse cette belle réunion, que la raison et toutes les âmes sensibles désirent, mais à laquelle Rome seule a opposé jusqu'aujourd'hui une éternelle barrière.

Avec de pareils sentimens, je ne crois pas enfin que j'aurais été *un sujet de scandale dans le clergé et dans l'église, selon vos judicieuses et charitables expressions.* Plut à Dieu que les trois-quarts des prêtres de ce siècle eussent autant de foi que je fais gloire d'en avoir; et qu'ils eussent toujours tenu une conduite aussi irréprochable que celle dont je puis me flatter !! Si des papes, des cardinaux, des prélats et une infinité de soi-disant prêtres de Jésus-Christ, n'avaient pas donné de plus grands scandales à l'église que moi, par leurs mœurs déréglées aussi bien que par leur ignorance crasse, certes la Religion chrétienne ne serait pas réduite aujourd'hui à deux doigts de sa perte !!

En attendant de votre loyauté la faveur que je demande,

J'ai l'honneur d'être, etc.

J. B. PAIFER.

Rue de Grenelle-St.-Honoré, hôtel des Sept-Frères, n° 8.

Paris, ce 20 mai 1820.

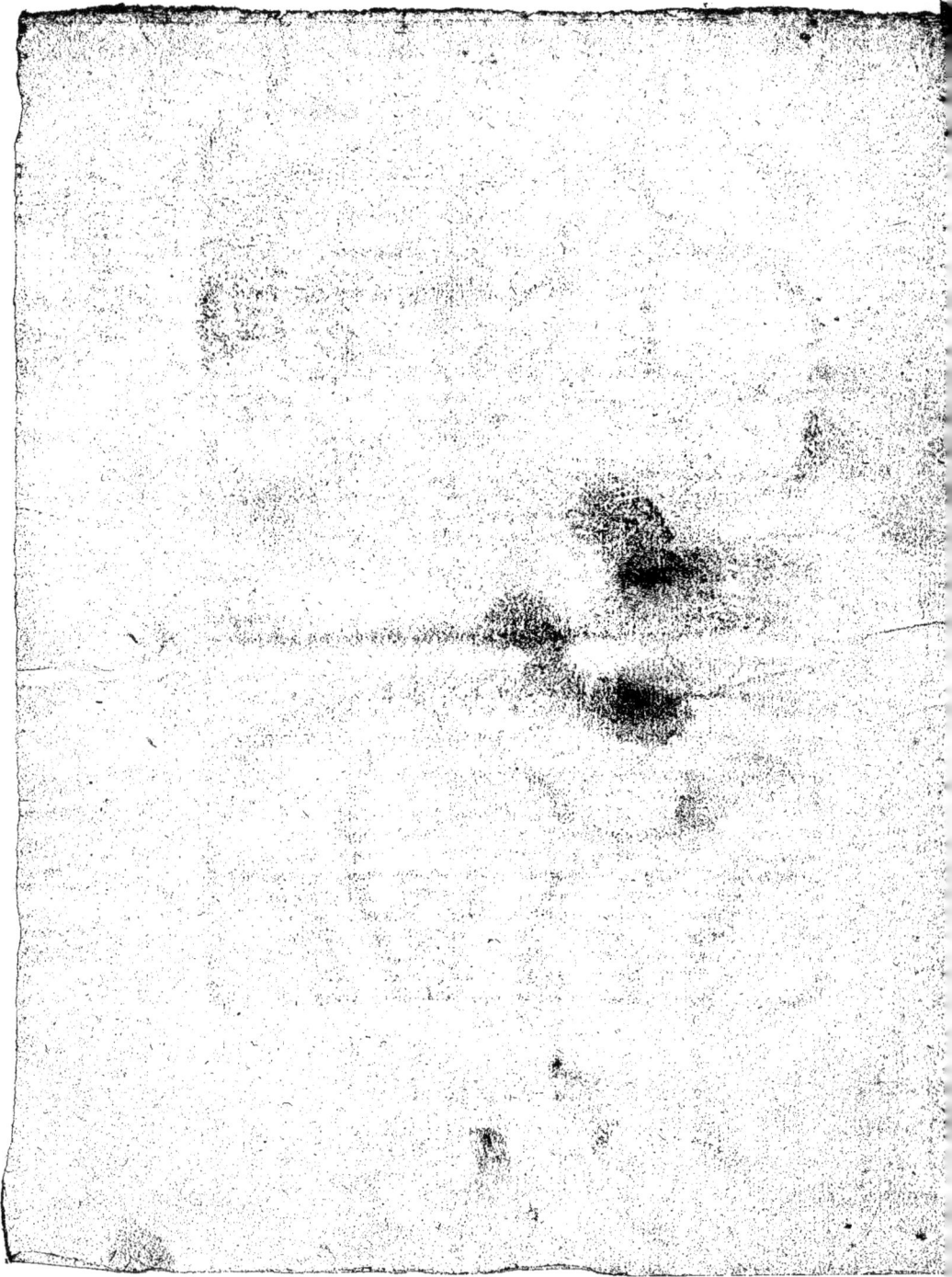